読解問題
（３０分）

説明

読解問題は、問題用紙に書かれていることを読んで答えてください。

選択肢１、２、３、４の中から答えを一つだけ選び、読解の解答欄にマークしてください。

問1

次の文章で筆者は「高齢者の交通事故」について何と言っていますか。

　交通事故による死者の数が減っている。これは喜ばしいことだ。年間の死者数が１万人を超えることが、何年も続いた後で、一挙に2000人以上もその数が減ったことは評価できる。今は年間5000人以下が目標だそうだ。ぜひ実験してもらいたいものである。

　ところで、依然として交通事故の発生件数自体は減らないままである。特に、高齢者の事故が増えているという。これは、少子高齢社会では、しかたのないことで、高齢者の割合が増えれば、交通事故の割合も増えるのは当然である。老人の交通事故が増えることは、予測できたことである。であれば、交通安全を呼びかけ、取り締まりを強化するだけでは、問題は解決しない。自動車のメーカーこそが、先頭に立って高齢者向けの技術を開発してもらいたい。

１．高齢者の事故死者数5000人以下が目標である。

２．高齢者の事故が減っていることは喜ばしい。

３．自動車メーカーの対策に期待している。

４．警察がもっと規制を強くするべきである。

問2

次の文章で筆者は、「インターネット上の百科事典」を続けるために大事なことは何だと言っていますか。

　インターネット上の百科事典というのがあって利用者が急増している。最近では、1か月に700万件以上もの利用があった。英語をはじめ、世界の120もの言語で記事が登録されていて、日本語版でも20万以上の記事があり、現在も成長しつづけている。本当に便利だということ、そして、利用するだれもが、記事を書いて投稿できるという点が、成功している理由だろう。

　たとえば、知りたい歌手の名前を検索すると、その生年月ヨや履歴や最新の情報まで、かんたんに手に入る。日本語版でおもしろいのはヨ本全国の駅名が載っていることだろう。

　問題は、だれもが記事を書き込めるため、その記事が転載したものでないかどうか、書いた人自身によるものかどうか、見極めなければならないことだ。他の記事をそのままコピーしたのでは訴えられてしまうし、裁判になる可能性だってある。そうなれば運営自体を中止しなければならなくなる。現在の運営で利益が出ているわけではないからだ。

1．運営で利益を出すこと

2．記事を見極めること

3．利用者が投稿できること

4．利用者が増えていること

問 3

次の文章で筆者が最も言いたいことはどれですか。

　外国語の勉強をするとき、「上級の文は難しい」と言われるが、文が難しいというのはどういうことなのだろうか。だいたい３つの場合が考えられるだろう。一つは、言葉が難しい場合。それから文法が難しい場合。そして、言葉と言葉の関係が難しい場合である。

　たとえば、「リンゴはくだものです。」という文の場合を考えてみよう。これは、日本語の初級、いわゆる４級の文で、日本語の中で最もわかりやすい文である。これを「林檎は果実です。」と言い換えると、言葉が難しくなる。これをさらに「林檎は果実の中に分類される。」と言い換えると、言葉に加えて文法も難しくなっている。そして最後に、「時間はお金です。」という文が考えられる。これは、文法は同じで言葉もやさしいのに、言葉と言葉の意味関係を理解するのが難しい場合である。実はここに、私たち大人が外国語を学ぶときの可能性がある。大人にとって、「時間はお金です。」という文の意味を理解するのは難しいことではないからである。

１．やさしい文法と言葉でも難しい文ができる。

２．文が難しいというとき、３つの場合が考えられる。

３．ひらがなを漢字にするだけで、文は難しくなる。

４．言葉の意味関係を理解するのは一番かんたんだ。

問4

次の文章で、下線部のように筆者が「悲しみを忘れないでほしい」と思ったのは、なぜですか。

　先日、知人のお母さまが亡くなられ、その告別式の会場でのことです。私は、花屋に頼んで白い花を届けてもらうことにしました。式には参加できない友人の名前もいっしょに書いてもらったのです。ところが、会場に着いてみると、お花が届いていないではありませんか。あわてて、会場の人に聞いてみると、花屋が受付を通らず、勝手にとなりの会場に持って行ってしまったというのです。一度、飾ってしまった花を移すわけにもいかず、私は、ほんとうに暗い気持ちになってしまいました。私が注文したのは有名な一流の花屋でしたから、届け先を間違えるわけがありません。そうだとしたら、会場の人がうそを言っていることになります。
家に帰って、さっそく花屋に問い合わせたところ、ちゃんと受付でサインをもらっていると言うではありませんか。結局、夜になって、会場の責任者から電話があって、謝罪のために私の家まで訪ねて来ました。失敗はだれにでもあるものですが、人の死に関係する仕事をしている以上、式に参加する人の<u>悲しみを忘れないでほしい</u>と強く思いました。

1．花屋がまちがえてとなりの会場に花を持って行ったからです。

2．花屋が受付を通らないで花を置いて帰ってしまったからです。

3．会場の人が、自分の失敗をかくしてうそをついたからです。

4．会場の人が、夜になって、訪ねて来て謝罪したからです。

問5

次の文章の（　Ａ　）に入るものとして最も適当なものはどれですか。

　たとえば、音楽のCD1枚の値段は、どんなに有名な曲でも、2000〜3000円ぐらいである。これに比べて、有名な絵となると、1枚2000万円もすることがあれば、歴史的なものになれば、2億円することもある。同じ芸術作品なのに、どうしてこんなに値段がちがうのだろうか。

　実は、比較の仕方が問題なのである。音楽CD1枚の値段と、比較すべきなのは、本物の、世界に1枚しかない絵をコピーした、画集なのである。画集だったら、同じ作者の絵20枚が1冊になっていても、2000円ぐらいしかしない。

　逆に、本物の生の音楽を聞く場合は、1枚2000円のチケットを1万人が買って聞いたとしたら、1曲2000万円の値段になる。歴史に残るような名曲なら、CDとしてあるいは楽譜として売れ続け、2億円に上ることもあるのである。

　つまり、（　Ａ　）。

1．音楽の方が絵画より高いということはないのである。
2．音楽の方が絵画より安いということはないのである。
3．音楽の方が絵画より価値が低いということである。
4．音楽の方が絵画より価値が高いということである。

問6

次の文章で筆者が言いたいこととして、最も適当なものはどれですか。

　いわゆる平成の大合併で、市や町や村がとなりの市や町や村といっしょになって、ずいぶん地名が変わってしまった。たとえば、私の田舎の場合、山口県の豊浦郡がとなりの下関市に吸収合併されて、下関市になってしまった。もはや「豊浦郡」という地名はなくなってしまったのである。たとえば、銀行の場合なら、東京銀行と三菱銀行がいっしょになって東京三菱銀行となり、さらに、ＵＦＪ銀行といっしょになって、三菱東京UFJ銀行という名前になった。ちょっと長すぎる感じもするが、利用者にはよくわかる名前である。
地名の場合は、そうはいかない。私の田舎の場合、豊浦郡は、下関市にくらべて弱い立場にあったため、名前をなくしてしまうこととなった。
一方、東京の西東京市の場合は、元は田無市と保谷市が合併して、新しい地名になったケースである。新しい市ができるのだから、新しい名前を考えるというのは、市民が賛成なら、とてもいいことだと思う。しかし、その場合は、二つの地名が、この世から消えてしまうのだと考えると、やはり寂しいものである。

１．市や町や村が合併するのはいいことである。

２．地名が変わってしまうのは仕方がない。

３．弱い立場の地名はなくなってしまうのである。

４．地名が消えていくのは寂しいものだ。

問7

次の文章の（　Ａ　）に入るものとして最も適当なものはどれですか。

　私の家は、駅から歩いて30分のところにある。駅からはバスが出ているので、ふだんはこれを利用する。たまに、夜遅くなって、バスの最終が出た後は、酔っ払った頭を冷やすためにも歩いて帰ることがある。5月の新緑のころは、夜風が顔に当たって気持ちいいものだ。
朝の通勤時間は、バスがいつも満員で、15分で駅に着くはずなのに、20分も30分も止まって動かなくなることがある。近くに踏み切りがあるためである。こんなときは、あきらめてタクシーで行くか、家内に電話して車で送ってもらうことにしている。結局、歩いて行った方がよかったということが、よくあるのである。
こんな交通事情に加えて、最近、私が気になっているのは健康である。40歳を過ぎたころから、体の調子が変わってきて、少し走っただけで息が苦しくなったり、運動不足を感じるようになった。このままだと、早く老人になってしまうのではないかと心配になってきたのだ。
　そこで私は、（　Ａ　）。機械にたよらず自力で行くことにしたのである。

１．毎朝、歩いて駅まで行くことにした。

２．毎朝、駅まで自転車で行くことにした。

３．毎朝、駅まで家内に送ってもらうことにした。

４．毎朝、駅までタクシーで行くことにした。

問8

次の文章で筆者が最も言いたいことはどれですか。

　現代社会は、少子化が進む一方で、平均寿命が延びて高齢者が増える一方である。私たちは、この老人に対して、一般に、だんだん死に近づいていく存在で、体が弱まるにつれて、精神的にも衰えていくものだと考えている人が多い。

　だが、本当にそうだろうか。足や腰が弱くなって、歩くことさえ自由にできなくなっていくと、精神的にも子どものようになっていくというのは本当だろうか。忘れっぽくなって、言葉も思いどおりに話せなくなって、文字を書く手がふるえるようになっても、精神はちゃんと働いているときがあるのではないだろうか。私たちはいつのまにか、老人を子どもあつかいして、尊敬することを忘れてしまっているのではないか。

　社会の高齢化が進むということは、このような老人の存在に対する理解を深めていくということではないだろうか。私たちは、歴史の新しい段階に入っているのである。

1．老人とは体も精神も衰えていくものである。

2．老人は精神的に子どものようになっていく存在である。

3．もっと老人への理解を深めるべきである。

4．老人は、子どもと同じようにやさしくしなければならない。

問9

次の文章の（　Ａ　）に入るものとして最も適当なものはどれですか。

　20世紀後半、人口が増え続ける大都市の郊外には、山林を切り開いて、人工的な新しい町が作られてきた。いわゆるニュータウンである。そのころは、経済もまだ発展しつづけていて、新しい町をつくる希望と理想があったものだ。しかし、バブル経済の崩壊と共に、そのような巨大化ばかり追いかける都市計画は、現実的でないことがわかってきた。環境に対する意識も高まってきて、そのような無理な計画ではなく、持続可能な開発が求められるようになってきたのである。

　21世紀の現在では、どの学者も公共交通や自転車の利用を促進する小規模な都市を提案するようになっている。その地域の文化を中心とした活性化かが大きなテーマとなっているのである。もはや、（　Ａ　）時代は終わったのである。

1．新しい町をつくる

2．都市を拡大するだけの

3．小規模な都市をすすめる

4．地域を活性化する

問10

次の文章は、ある市の児童手当についての案内です。内容と合っているものは
どれですか。

　　本年４月１日から児童手当の対象年齢が、これまでの小学校３年生から小学
校６年生まで拡大されます。あわせて扶養者の所得制限も引き上げられます。
　児童手当を受けようとする方は申請が必要です。
　該当年齢の児童がいる世帯には、市からご案内と申請書を郵送します。
　ご案内が届かない場合は子育て支援課へご連絡ください。
　なお、４月１日現在小学校４年生で３月31日まで児童手当の対象となって
いた児童については資格が継続されますので、申請の必要はありません。

◇ 対象となる方：次の条件をすべて満たす方が対象です。
① 同市に住所があること。（在留資格のある外国人を含む。ただし短気滞在
　を除く。）
② 小学校６年生までの児童（０歳〜１２歳）を養育していること。
③ 申請者の前年の所得金額がＡ表（別紙）の金額未満であること。

◇ 手当金額（月額）
　第１子＝5000円　　　第２子＝5000円　　　第３子以降＝１人につき１万円

◇ 申請方法
　申請は、市役所子育て支援課へ。郵送による申請も受け付けます。

１．児童手当が受けられるのは、小学校1年生の子どもからである。

２．小学校６年生までの子どものいる家庭には、すべて支給される。

３．外国人の児童の場合、すべて児童手当の対象とならない。

４．児童手当を希望する者は、市役所へ申請しなければならない。

問11

次の文章によると、「本田宗一郎」という人は、どんな考え方を持っていましたか。

　町の車の修理工場から始めて、「世界のホンダ」にまで会社を発展させた本田宗一郎については、数多くのエピソードがある。以下は、その中でも、彼がいかに客を大事に考えていたかを示す話である。

ある日、車の部品が故障するという問題が発生した、さっそく本田は部品を手にとって、ああしたらいい、こうしたらいいと意見を出していた。とんでもないようなめずらしい案を次から次へと出していた。その各案があまりにも費用が高くなりそうだったので、担当者が「社長この故障は、わずか　一万回に一回ぐらいですから、わずか0.01％の故障率です、対策しなくても、だいじょうぶですよ！」と言った。

そのとたん、本田の顔がサッと変わり、いきなり大きな声で、

「バカヤロー！　その一個を買ったお客さんにとっては、１００％の確率じゃないか。何を考えているのだ。そんなことがわからんのか！」とカミナリが落ちた。

　それから、しばらくカミナリが鳴り響いたのは言うまでもない。

こんな日常の話の中にも、常に客の立場に立って物を見る本田の思想が表れているのである。

１．費用はできるだけおさえるべきだ。

２．故障は1万回に１回の確率まで減らせ。

３．客のことを第一に考えるべきだ。

４．問題に対していろいろな案を出せ。

問12

次の文章の下線部「言葉の基本」の説明として、最も適当なものはどれですか。

　あたりまえのことですが、言葉には意味があります。言葉は、基本的に、人との関係の中で使われます。その人との関係に自分を関係させていくところに意味が生まれます。

　たとえば、生まれてきた赤ちゃんに、お母さんはいろいろと話しかけます。「おなかがすいたの？」とか、「どうかしたの？」とか、それに対して赤ちゃんは、まだことばが話せなくても、表情や声でこたえていきます。このようなやりとりのなかで言葉が生まれ、そこに意味が流れるのです。

　そうして、人は、家族や遊び友だちとの間で言葉を交わしながら成長し、そして、学校で書き言葉、つまり、文字を学習します。それまで、話し相手に向けられていた言葉が、特別なだれかではない、一般の人々に向けられるようになるのです。そして、勉強を重ねて、大学を卒業するときには、論文が書けるようになるのです。

　このように考えてみると、最近の若者の間で問題になっている、「ひきこもり」や「ニート」と呼ばれる人たちの問題がわかるような気がします。彼らには、この言葉の基本が欠けているように思われるのです。

１．だれでも最初はお母さんから言葉をならうということ。

２．学校で勉強する言葉は、話し相手がいないということ。

３．大学で勉強すれば、論文が書けるようになってくるということ。

４．言葉の意味は人との関係の中から生まれてくるということ。

問13

次の文章の（　Ａ　）に入るものとして最も適当なものはどれですか。

　私たちが、相手の気持ちを理解しようとするのは、相手の行動を予測して、それに合わせて、自分の行動を決めよう、調整しようとするからで、それが一つの目的になっている。

　ところが、人間関係の中では、人の行動は、お互いに影響を与え合っているものだ。そのため、相手に対して、一定の予測をして、期待を抱いていると、知らず知らずのうちに、相手に影響を与えてしまって、こちらの期待通りの行動をさせてしまうことがある。

たとえば、学校の教師は、生徒の成績が上がることを期待するものだが、そうして一定の期待を抱いていると、（　Ａ　）。これは、教師が、この生徒の学力は高いはずだと思っていると、教師自身も気がつかないうちに、生徒に対して特別な関心を持って細かい指導をするようになり、自然に、その生徒の成績が上がるからなのである。

　１．生徒の成績が期待の方向へ変化していく
　２．生徒の成績が期待に反して下がっていく
　３．生徒の学力の高さが予測できるようになる
　４．生徒の学力の高さに気がつかなくなる

次の文章で、筆者が最も言いたいことはどれですか。

　21世紀になって、携帯電話が普及して、人々の生活は大きく変わった。その影響は、計り知れないほど大きいと言われている。たとえば、それまで、耳の聞こえない人にとって電話など必要ないと思われていたが、メールの機能によって通信が可能になり、彼らの生活がどれだけ楽になって、それまで抱えていた不安や心配がどれだけ消えて軽くなったことだろうか。それを考えただけでも、携帯電話の役割の大きさがわかる。

　ただ、ものごとには両面ある。いい面もあれば良くない面もある。携帯電話の悪い面といえば、すぐに思い浮かぶのは、運転中の携帯電話が原因で、車の事故が増えたことだろう。私が最近、つくづく思うのは、携帯電話を使うようになって、待つことが少なくなったということだ。

若いころ、私は、今の妻にずいぶん待たされた記憶がある。10分、20分は平気で遅れて来る彼女、長ければ30分、40分の時もある彼女を待ちながら、私はずいぶんいろいろなことを考えた。今、来るかもしれないと思うと動くわけにもいかず、待つうちに、『もしかしたら！』と不安がつのってくることもある。今なら、メールを送っておけば、自由に自分の時間を使うことができる。ただ待つだけの無意味な時間を過ごすことはない。

が、はたして、そうだろうか。待つことは、無意味なのか。今の私には、あのころが、なつかしく思えてしかたがない。本当は大事なことをなくしてしまったのではないか、と。待つことには、相手への思いがつまっているからだ。

1．私たちは、携帯電話によって、生活を大きく変えられて楽になってしまった。

2．私たちは、携帯電話によって、待つという大事なことをなくしてしまった。

3．私たちは、携帯電話の良い面より悪い面の方を知っていなければならない。

4．私たちは、携帯電話がなければ、無意味な時間をすごすことが多くなる。

問15

次の文章の内容と合っているものはどれですか。

　文化というものは、ふしぎなもので、同じ人間なのに国がちがえば、文化もちがいます。同じ国でも、地方によって文化もちがいます。だからこそ、人間は、その文化の違いを体験し、楽しんだり学んだりするために旅行へ出かけます。今では、多くの若者が外国へと旅行に出かけます。社会に出る前に、あるいは結婚して家庭をもつ前に、視野を広げるために旅へ出るのです。

　世界には、ほんとうにいろいろな人がいます。そして、いろいろな生活があり、文化があります。それを知るには、まず、衣・食・住、つまり、ファッション、料理、そして家を見るのがわかりやすいと言われています。それから、生まれてから死ぬまでの人生の中で大事なこと、遊び、学校、仕事、結婚、出産、葬式、お祭りなどを見れば、だいたいその地方の文化はわかるでしょう。

　ただ、国際化が進んだ現在の大都市では、このいわゆる文化を個人のレベルで選べるようになってきています。衣食住はもちろん、結婚式も葬式も自分なりのやり方で行う人が増えています。それでも、伝統文化が消えてなくなるわけではありません。それは、母親から子どもへ言葉が伝えられるかぎり、なくなることはないのです。

1．若い人は、どこへ行っても同じ一つの文化を求めて世界旅行をするものだ。

2．文化は国によって異なるが、一つの国の中では同一である場合が多い。

3．その地方の文化を知りたければ、衣食住を調べるだけでわかるはずである。

4．大都市の国際社会では、個人で文化を選択できるが、伝統はなくならない。

問16

次の文章で筆者は、現代人がホスピタリティを求めるのは、なぜだと言っていますか。

　現代のビジネスは、客に対して、いかに効率の良いサービスを提供するか、という考えが中心にあります。一人の人間が、どれだけ多くの人に、どれだけ質の高いサービスを提供できるか。そう言うと聞こえは良いですが、結局、利益とそれにかかった費用の割合で、すべてが判断されます。つまり、効率のよさが、すべての判断の基準なのです。資本主義の社会である以上、それは変わりません。

　これに対して、「ホスピタリティ」という考え方があります。サービスが、質の向上を求めてはいても、だれに対しても同じサービスを提供するのに対して、ホスピタリティは、基本的に一対一の関係を重視します。客一人のために心のこもった特別なサービスを提供するということです。すると、かかる費用は高くなるし、客一人一人に対する時間は長くなって、効率が下がります。ですから、料金が非常に高くなってしまいます。それでも、高いお金を払って、質の高いホスピタリティを求める客の数は、年々増えてきています。社会全体が、そちらの方向へ流れているのです。料金が同じなら、だれもが、形式的なサービスよりホスピタリティを求めるのは当たり前です。現代人は、安いサービスでがまんするのではなく、自分にあった特別なサービスを求めるようになったのです。

１．資本主義社会は効率のよさが判断の基準だから。

２．だれに対しても同じ対応をする平等の考え方だから。

３．効率が下がり、料金が高くなるのは当然だから。

４．客と一対一の心の関係を大事にしているから。

問17

次の文章で、新しい学校が作られた目的として、最も適当なものはどれですか。

　ある日本の大企業が、中学校と高校の６年間一貫校を開校した。この新しい学校は、日本全国から生徒を募集し、１学年120名、１クラス30名の定員で編成されており、生徒全員が「ハウス」と呼ばれる寮で生活する男子校である。これだけでも、日本で初めての試みだということがわかる。

　既に、中心となる３つの大企業を含め、80以上の企業からの支援（総額約200億円）が表明されているという。このように、企業が教育に力を入れるのは、これからの日本をリードする人材の育成が目指されているからである。学習内容としても、低学年で基礎の学力を身につけた上で、実際に、企業や大学と連携した学習を取り込み、さらに国際交流プログラムも実施する。

1．日本で初めての全寮制６年間一貫の男子校をつくること。

2．多くの企業から資金を集めて学校をつくること。

3．将来の日本をリードする人材を育てること。

4．企業や大学と連携した国際的な学校をつくること。

問18

［1］に続く［2］で、A〜Dの最も適当な順番はどれですか。

［1］
　最近、スズメの姿が見られなくなってきているそうだ。スズメは、民家の庭にもやって来るとても身近な野鳥である。日本では、昔から民話や絵にも登場する、とても親しい小鳥である。

［2］
A　これは日本だけではなく、海の向こうのイギリスでも報告されていて、イギリス政府は賞金も用意して、その原因の究明に力を入れているそうだ。

B　そうすると、やはり、何か環境の変化が原因なのではないかと思えてくる。そして、いつか、その影響が人間にも及ぶのではないかと心配になってくる。

C　日本やイギリスの専門家が調べても原因がわからないなら、後、考えられるのは、環境の変化か、人間による犯罪だろう。このうちの、後者は、スズメを殺して利益があるとは思えないので、問題にならない。

D　その数が、いつのまにか減って見かけなくなったと言うのである。それだけではなく、ある民家の庭に、100羽ものスズメが死んでいたという報告もあるそうだ。しかし、その原因はわかっていない。死んだスズメを調べてみても、ウイルスや毒物は発見されなかったし、体の傷もなかった。病気の可能性は否定できないが、原因不明のままなのである。

1．D－B－A－C

2．D－A－C－B

3．A－C－B－D

4．A－C－D－B

問19

次の文章の（　Ａ　）に入るものとして最も適当なものはどれですか。

　テレビ放送を携帯電話で受信できるようになった。走る自動車の中で、テレビが見られるようになって、次は、人が歩きながらテレビを見られるようになったのである。しかも、この、いわゆるデジタル放送の配信システムは、過去にさかのぼって映像を受信することができるので、非常に便利だという。ビデオテープでも、録画しさえすれば、過去の映像を再生することはできたが、録画を忘れた場合、ほとんどの番組はもう見ることができなかった。毎日毎日流れている番組は、基本的に一回きりの映像なのである。それが、スイッチを押すだけで、何度も見ることができるという。
　現代社会は、どこまでも個人の空間と時間を中心に、作られているのである。どこまでも、（　Ａ　）のが大都市の生活なのである。これからも科学技術は進歩して、都市の生活は、どんどん便利になるだろう。だが、それには時間がかかることを忘れてはならない。大都市は、日々、こまかく変化しながら、大きく進歩しつづけているのである。

１．時間は一回きりである

２．個人の自由を追求する

３．過去の世界にもどって行く

４．時間を忘れてはいけない

問20

次の文章で筆者が最も言いたいことはどれですか。

　インターネットで、買い物ができるようになって、ずいぶん便利になった。特に、最も抽象的な商品だといえる書籍を買う場合、近くの本屋にはない専門書がほしいときなどは、わざわざ休みの日に遠くの大型書店まで電車に乗って行くよりも、配送にお金がかかるとしても、その方が安いし時間もかからない。代金もクレジットカードで処理できるため、たとえばアメリカの出版社から直接、自宅に読みたい本を送ってもらうこともできるのだ。

　とはいえ、どんなに便利になっても、毎日食べる肉や魚や野菜を直接売る店がなくならない限り、それらをわざわざインターネットで買うことはないだろう。自分が料理して口にする材料を自分の目や手や鼻で確かめることもなく、信用することはないだろう。私たちが生活する場が消えてなくなることはないのである。私たちが結婚し、子どもが生まれ、家族として生きていく、その空間が消えてしまうことはないし、私たちが住んでいる街が消えることもない。

　つまり、国際化が進んで情報の空間はどんどん広がっていくけれども、私たちが今いる場所が世界の中心だということなのである。

１．これからはインターネットを利用した買い物が中心になるだろう。

２．伝統的な生活に必要な物はインターネットで買うことができない。

３．どんなに進歩しても生活する場が消えてなくなることはない。

４．これからも私たちの生活はどんどん国際化が進んでいくだろう。

——————————— このページは問題はありません。 ———————————

聴解問題

説明

　　聴解問題は、音声を聴いて答える問題です。問題も選択肢もすべて音声で示されます。問題用紙には何も書かれていません。

問題は一度しか聞けません。

　　このページのあとに、メモ用のページが３ページあります。音声を聴きながらメモをとるのに使ってもいいです。

　　聴解の解答欄には、『正しい』という欄と『正しくない』という欄があります。選択肢１、２、３、４の一つ一つを聴くごとに、正しいか正しくないか、マークしてください。正しい答えは一つです。

　　それぞれの問題の最初に、「ポーン」という音が流れます。これは、「これから問題が始まります」という合図です。

　　１番の前に、一度、練習をします。

－ メ モ －

—　メ　モ　—

－ メ モ －

聴読解問題

説明

　　聴読解問題は、問題用紙に書かれていることを見ながら、音声を聴いて答える問題です。

　　問題は一度しか聴けません。

　　それぞれの問題の最初に、「ポーン」という音が流れます。これは、「これから問題が始まります」という合図です。
　　問題の音声の後、二回目の「ポーン」という、最初の音より少し低い音が流れます。これは、「問題はこれで終わりです。解答を始めてください」という合図です。

音声をよく聴いて、選択肢　１．２．３．４．の中から答えを一つだけ選び、聴読解の解答欄にマークしてください。

　　１番の前に、一度、練習をします。

練習

男子学生と女子学生が、メニューを見ながら話しています。
この女子学生はランチにいくら使いますか。

かつまさやメニュー

とんかつ	￥450
ハンバーガー	￥550
ラーメン	￥600
うどん	￥500
そば	￥500
コーラ	￥300
コーヒー	￥500
紅茶	￥450

1．￥550

2．￥600

3．￥1,050

4．￥1,100

1番

男子学生と女子学生が秋の公開講座の掲示を見ながら話しています。
女子学生はどの講座を聞くことにしましたか。

都市大学公開講座

		テーマ	講　師	
1.	第一回	「探検！　世界の秘境」	森　岡　賢　二	冒険家
2.	第二回	「色のスペシャリスト―色彩検定とは」	佐　藤　洋　一	農学博士
3.	第三回	「食の安全を守る方法」	北　川　ひろみ	生活科学研究家
4.	第四回	「ビジネスにおけるウソの心理学」	大　野　　　明	経営学部教授

2番

女子学生と男子留学生が話しています。この男子留学生は、これからどうしますか。

みどり区　写真コンテスト

みどり区では、区民の皆さんから写真を募集しています。
テーマは自由、めずらしい写真、奇跡の一瞬、衝撃シーンなど、
みどり区で撮った写真なら何でもオーケーです。

申し込み：区役所の写真コンテスト係まで郵送にて申し込んでください。
　　　　　直接の申し込みも可能です。
※　写真は、一人3枚までとさせていただきます。
※　写真には必ずタイトルと住所氏名をご記入ください。

締め切り：10月3日午後5時(必着)

最優秀賞：金50000円

発　　表：10月31日

お問合せ：みどり区役所　文化・交流課　電話番号　045-×××-・・・・

1.　自分で区役所へ行きます。

2.　女子学生に区役所へ行ってもらいます。

3.　女子学生に郵便局へ行ってもらいます。

4.　女子学生にEメールで送ってもらいます。

3番

先生がプレゼンテーションについて、資料を見ながら話しています。
今話しているのは、資料の中のどの部分についてですか。

プレゼンテーションのコツ

A　商品の特徴　⇒　情報収集
 ・他の商品と差別化する。
 ・商品のメリットを確認し、まとめておく。

B　資料作成
 ・とにかく視聴覚に訴えること。
 ・カラーの図やマンガを効果的に使いわかりやすくする。

C　予行練習
 ・練習なしに、良い結果は生まれない。
 ・十分な練習は緊張をなくす効果がある。

D　発表
 ・ただおもしろいだけではダメ。
 ・客の気持ちをつかみ、買いたいと思わせる。

E　反省会
 ・反省なしに、発展はない。

1.　A

2.　B

3.　C

4.　D

４番

男子学生が「健康診断の実施日程」を見ながら女子学生と話しています。
この女子学生は、いつ診断をうけにいきますか。

健康診断実施日程

月　　　日	曜日	対象学部	受付時間	
			9：00〜12：00	13：00〜16：00
4月10日	月	文学部	女子	男子
4月11日	火	経済学部	男子	女子
4月12日	水	経済学部	男子・女子	男子・女子
4月13日	木	法学部	男子	女子
4月14日	金	全学部	男子・女子	男子・女子

1.　4月10日

2.　4月11日

3.　4月12日

4.　4月14日

5番

女子学生が先輩に、短期留学について聞いています。
この女子学生はどうすることにしましたか。

国際関係学部海外短期留学案内

☆ イギリス　ロンドン　語学研修
　　オックスフォード大学で英語を学び、現地の大学生活を体験。
　　学生寮に宿泊。

☆ イギリス　リヴァプール　ホームステイ研修
　　現地の英語講師宅にホームステイ。
　　日常生活で使われるより自然な英会話が学べます。

☆ アメリカ　ニューヨーク　ホテル研修
　　現地のホテルで、ホスピタリティの実際を学びます。
　　研修先のホテルに宿泊。

☆ アメリカ　ロサンジェルス　ホームステイ研修
　　現地の英語講師宅にホームステイ。
　　講師がマンツーマンで、ていねいに英会話を教えてくれます。

1.　ロンドンへ行く。

2.　リヴァプールへ行く。

3.　ニューヨークへ行く。

4.　ロサンジェルスへ行く。

6番

女性と男性が電話で話しています。
男性が書いたメモとして最も適当なものはどれですか。

1

部長へ
マルイ商事の山川さんからお電話。
台風のため納品が2~3日遅れそう。
確認でき次第、連絡するとのこと。

2

部長へ
マルイ商事の山川さんからお電話。
台風のため納品が明日になりそう。
会社に戻り次第、連絡くださいとのこと。

3

部長へ
マルイ商事の山川さんからお電話。
台風のため納品が遅れるかもしれない。
できるだけ早く、連絡くださいとのこと。

4

部長へ
マルイ商事の赤坂さんからお電話。
台風のため納品が23日になりそう。
確認でき次第、連絡するとのこと。

7番

男子学生と女子学生がスポーツ大会実行委員会の打ち合わせをしています。
二人は明日、どこまで進むことにしましたか。

スポーツ大会までの手順

① 　メンバー紹介

② 　タイムスケジュールの確認

③ 　役割分担

④ 　会場予約

⑤ 　プログラム作成

⑥ 　賞品・備品などの準備

⑦ 　リハーサル

1. ①まで
2. ②まで
3. ③まで
4. ⑤まで

8番

男子学生と女子学生がホテルの案内を見ながら話しています。
二人はどのホテルに予約しますか。

1.

紅 葉 の 小 道

☆ 渓流に沿った紅葉の道を散策

☆ 1泊2食　12,000円から

渓流の音を聞きながら紅葉を!!!

2.

紅 葉 館

☆ 温泉に浸かりながらの紅葉

☆ 1泊2食　10,000円から

絶景の露天風呂あり!!!

3.

ホテル　紅 葉

☆ 広大な自然庭園を散策

☆ 1泊2食　20,000円

ホテルの敷地内で紅葉が見られる!

4.

紅 葉 の 里

☆ 絶景の展望台まで30分(バス)

☆ 1泊2食　8,000円から

紅葉の美しさは、ここが一番!!!

9番

男子学生と女子学生が「囚人のジレンマゲーム」について話しています。
図の４つのケースのうち、男子学生はどのケースを予想していますか。

2人に与えられる刑罰

<table>
<tr><td rowspan="2" colspan="2"></td><td colspan="2">共犯者B</td></tr>
<tr><td>黙秘する</td><td>証言する</td></tr>
<tr><td rowspan="2">共犯者A</td><td>黙秘する</td><td>①A、B、2人とも2年</td><td>②Aは、10年の刑
　Bは、半年＝6か月の刑</td></tr>
<tr><td>証言する</td><td>③Aは、半年＝6か月の刑
Bは、10年の刑</td><td>④A、B、2人とも8年</td></tr>
</table>

※黙秘する：共犯者の名前を言わない。
　証言する：共犯者の名前を警察に言う。

1.　①A、B、2人とも2年

2.　②Aは10年の刑、 Bは半年の刑

3.　③Aは半年の刑、 Bは10年の刑

4.　④A、B、2人とも8年

10番

男子学生と女子学生がクリスマスバザーの案内を作っています。
二人はこの案内に何を書き加えますか。

クリスマスバザーの御案内

今年もクリスマスバザーを開催することになりました。
出品希望者は、実行委員会に申し込んでください。

日時：12月20日　14:00〜18:00

場所：当大学体育館

申込：12月13日までに実行委員会に直接申し込んでください。

費用：1000円

1.　品物の展示は、委員会が担当すること。
2.　品物の展示は、出品者が行うこと。
3.　品物の展示は、くじ引きで決めること。
4.　品物の展示は、申し込みの早い者から順番に決めること。

11番

テレビ番組で専門家が景気の悪循環について話しています。
この専門家は、図の中のどの点に注目すべきだと言っていますか。

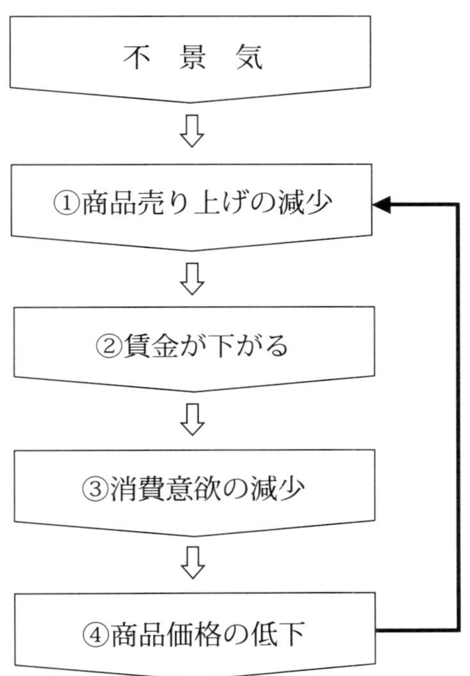

1. ①商品の売り上げが落ちる
2. ②社員の給料が下がる
3. ③消費者が買わなくなる
4. ④商品の値段が下がる

12番

男子留学生のリーさんと女子学生が、講義科目について話しています。
リーさんは、あと、どの科目をとることにしましたか。

≪選択科目≫

総合基礎	日本現代史	金曜　4時限
	日本文学	金曜　2時限
	言語学概論	火曜　3時限
	比較言語学	木曜　3時限
	記号学	月曜　3時限
	東洋哲学	火曜　3時限
外国語	中国語	月・水曜　1時限
	フランス語	火・木曜　3時限
	ドイツ語	水・金曜　4時限
	ロシア語	火・木曜　4時限

リーさんの時間割　　※必修科目

	月	火	水	木	金
1時限		※英語Ⅰ		※英語Ⅱ	
2時限	※日本語学			※日本語教育史	日本文学
3時限			※日本語教育学		
4時限					

1.　フランス語

2.　言語学概論

3.　比較言語学

4.　東洋哲学

13番

先生が商標について話しています。
この先生が、今、話しているのはどの商標についてですか。

1.

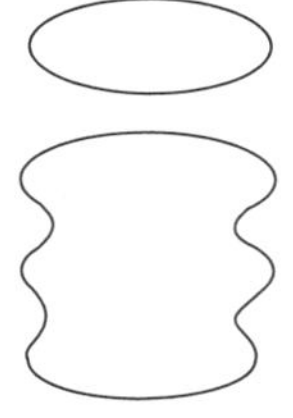

2.

3.

4.

14番

授業で先生がグラフの説明をしています。
このグラフから言えることはどんなことですか。

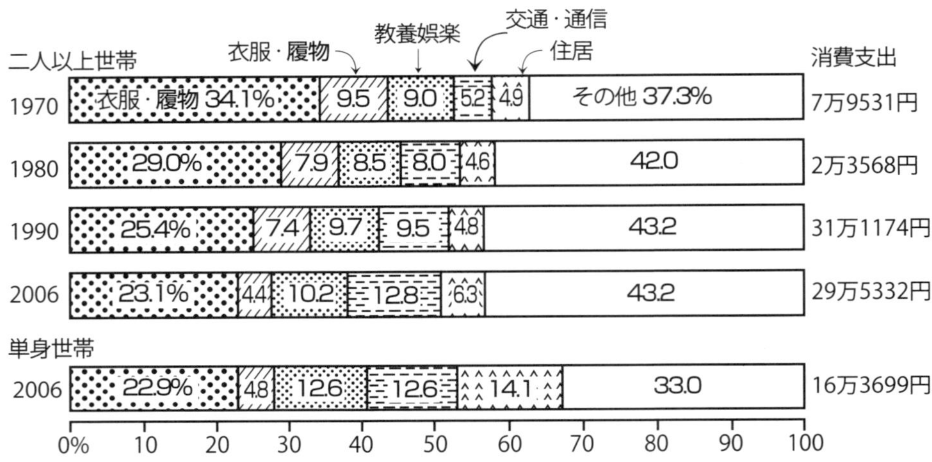

1. 食費が減り続けていること

2. 衣服にかかる費用が増え続けていること

3. 交通・通信費が増え続けていること

4. 一人暮らしでは住居費に一番お金がかかること

15番

女子学生と男子学生が反対語について話しています。
「太る」と「やせる」の関係は、４つの分類のうち、どれに当てはまりますか。

≪反対語の分類－動詞≫

	関係	例
1	反対の関係にあるもの　特に人の行為を表す	「起きる」と「寝る」　「生きる」と「死ぬ」　「結婚する」と「離婚する」
2	動く方向が反対のもの	「行く」と「来る」　「上がる」と「下がる」　「登る」と「降りる」「浮く」と「沈む」
3	形や状態の変化を表すもの	「のびる」と「ちぢむ」「ふえる」と「へる」　「かたまる」と「とける」
4	人の感情を表すもの	「泣く」と「笑う」　「喜ぶ」と「悲しむ」　「あせる」と「おちつく」

16番

先生が都市の評価について話しています。
この先生が今、話している都市はどれですか。

北海道の都市経済力と拠点性（人口5万人以上都市）

地区	人口 （千人）	都市経済力（要素別・点）			
		総合評価	集積性	拠点性	成長性
札幌	1,757	69・A	84	74	50
函館	299	51・C	52	61	41
小樽	157	44・E	49	48	36
旭川	361	47・D	54	50	38
釧路	199	49・D	51	59	36
帯広	172	54・C	50	65	46
北見	110	52・C	48	57	50
苫小牧	169	44・E	48	49	61
岩見沢	85	53・C	47	29	84
千歳	85	54・C	48	49	65

1. 札幌（さっぽろ）

2. 帯広（おびひろ）

3. 北見（きたみ）

4. 岩見沢（いわみざわ）

17番

男性と女性がある調査結果について話しています。
この女性が、企業の評価に矛盾を感じているのはどの点ですか。

≪フリーターに対するマイナス評価とその理由≫

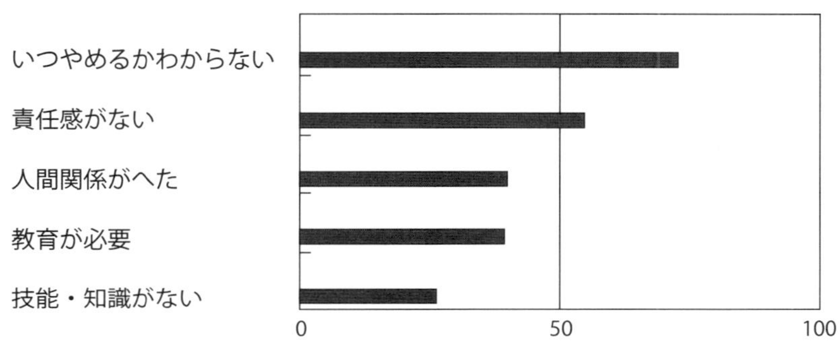

≪フリーターに対するプラス評価とその理由≫

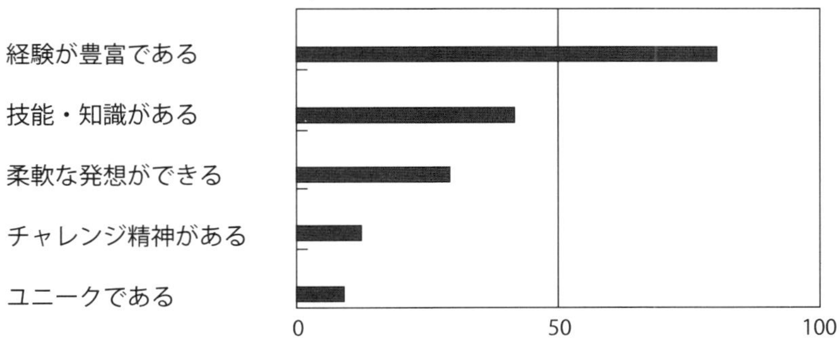

1.　不安定かどうかという点。
2.　技能・知識があるかどうかという点。
3.　責任感があるかどうかという点。
4.　人間関係が上手かどうかという点。

18番

先生が高齢社会の問題について説明しています。このグラフからどんなことが
わかりますか。

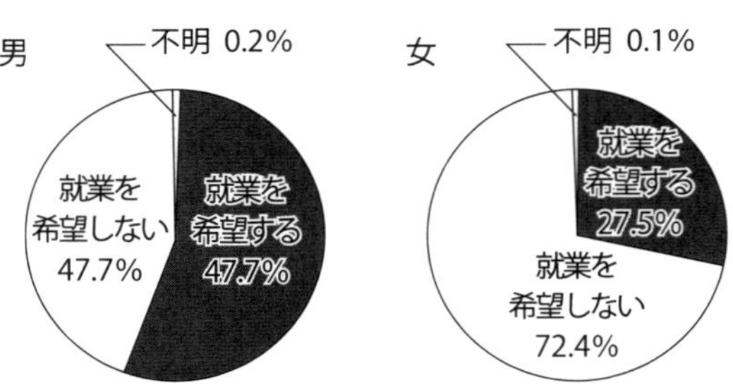

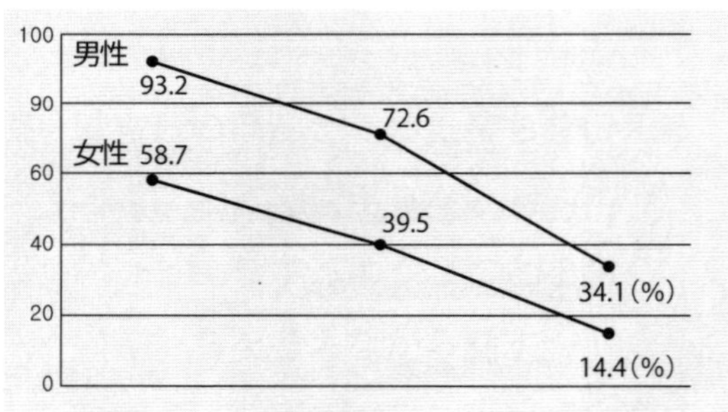

（総務省「労働力調査」2000年より）

1. 高齢者は、働く意欲があるのに、労働環境がととのっていないこと。

2. 高齢者でも、仕事においては男性と女性の間に差別があること。

3. 高齢者は、年をとればとるほど、労働意欲が高まっていくこと。

4. 高齢者になっても、夫のために働かされる女性がたくさんいること。

19番

下の図は、クレジットカードのしくみについて説明した図です。
先生が挙げている例は、この図のどの部分についての例ですか。

クレジットカードのしくみ

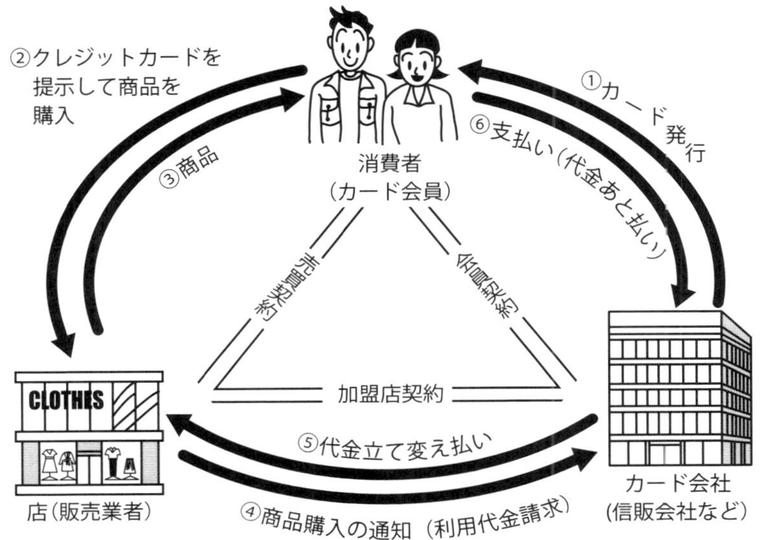

1. ①と⑥　会員契約

2. ②と③　売買契約

3. ④と⑤　加盟店契約

4. ⑤と⑥　カード会社

20番

先生が、親鳥の保育活動について説明しています。
親鳥が雛鳥を識別する上で、最も重要な感覚はどれですか。

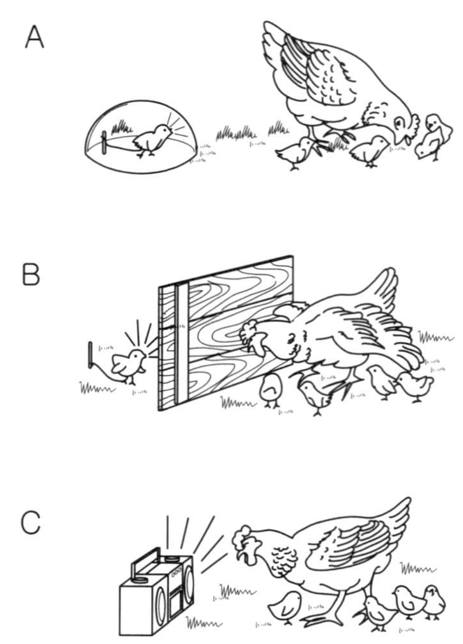

1. 視覚（色・形）です。

2. 聴覚（音・声）です。

3. 嗅覚（におい）です。

4. 味覚（あじ）です。

このページは問題はありません。

読解問題
（３０分）

説明

読解問題は、問題用紙に書かれていることを読んで答えてください。

選択肢１、２、３、４の中から答えを一つだけ選び、読解の解答欄に
マークしてください。

問1

次の文章で筆者は、「結果論」というのはどのような考え方だと言っています
か。

　友人と話していて、「それは結果論だよ。」と言われることがある。すな
わち、原因や動機など、どうしてそうなったかという過程や事情を考慮しない
で、結果だけで判断していると言うのである。この間も、テレビを見ている
と、ナイフによる殺人事件について、ナイフを売らなければいいのだと話す評
論家がいたが、これこそ結果論の典型で、料理や仕事に使うナイフまでなくす
わけにはいかないのだし、それで殺人事件がなくなるとは思えない。先日も、
100円ショップで買ったナイフによる殺人事件が起きたばかりだ。それなら、
「もう家から外に出ないことが事件にあわないための一番いい方法だ」とテレ
ビの評論家は言うだろうか。このように、結果を聞いてすぐに思いつくような
考えは、役に立たないのも事実である。

１．原因や過程などよりも、結果のほうが大事である。

２．原因や過程などについて考えないため、意味がない。

３．原因や過程などについて考え、事件を防ぐための方法。

４．原因や過程などについて考えないため、とても便利だ。

問2

次のＥメールは、森さんが中川先生にあてて書いたものです。雑誌の原稿について、先生にお願いしていることはどれですか。

送信日時：07/10　20：08
差出人　：Mori M ［mmori ＠ inter.xu.ac.jp］
宛先　　：Nakagawa S
件名　　：インタビュー原稿

中川先生
昨日は遠いところをお越しいただきありがとうございました。貴重なお話を直接うかがうことができて、ゼミ学生一同、たいへん刺激を受け喜んでおります。

ところで、インタビューの内容をゼミ雑誌に使わせていただく件ですが、録音を文字にした原稿が、一週間でできあがる予定です。できましたら、すぐにお送りしますので、チェックしていただいて、今月末までに返送していただけると助かります。
印刷に少し時間がかかりますが、予定通りなら、８月中には完成すると思います。

あれから、みんなで話していて、次は、ぜひ先生に、秋の学園祭に来ていただこうという話になって盛り上がりました。この件については、ちゃんと企画を立てて、また、改めてご連絡したいと思います。

お忙しいところ恐縮ですが、どうぞよろしくお願いいたします。

森　めぐみ

1．インタビューの録音を文字にして、７月17日までに送る。

2．インタビューの原稿をチェックして、７月31日までに送り返す。

3．インタビューの原稿を印刷して、８月31日までに完成する。

4．学園祭の企画を立てて、７月31日までに連絡する。

問3

次の文章で筆者が最も言いたいことはどれですか。

「だれもが自分の中に、かつての子どもをもっている」と言う。同じ顔を持つ人間は、一人もいないように、子ども時代の過ごし方は、人それぞれ、さまざまである。そして、それは、自分一人だけのかけがえのない大切な時間だった。しかし、大人になった私たちは、忙しい毎日のなかで、そのことを忘れがちである。ふだん、私たちの足の下には大地があることを気にとめないように、子ども時代の自分が今の自分を支えていることに気づかないのである。子どものころ、生き生きした目で元気に走り回り、泣いたり笑ったりした。そんな貴重な体験が私たちの現在を生きる力になっているということ。それを、たまたま手にした童話や絵本などに教えられることがある。そして、それがどんなに大事なことか、気づくのである。

1．だれにとっても、子どものころの貴重な体験は一度しかないものだ。

2．子どものころの体験は、一度忘れてしまったら、もう思い出せなくなる。

3．子どものころの体験は、大人になってからも自分の中に生きている。

4．大人になってからも、子どものための作品をたくさん読むべきである。

問4

次の文章で筆者が最も言いたいことはどれですか。

　たとえば映画を見るときに、今では、インターネットで事前に、その映画を見た人の満足度を調べて参考にすることができる。今のように映画がたくさんあると、どれを見たらいいか迷ってしまう。情報がありすぎて、どれもおもしろそうに見えるからだ。そんなとき、役に立つのが実際に見た人の満足度だ。もちろん10人程度の人数の満足度では信用できないが、100人が見て満足度が80％以上なら、ほとんどまちがいなく満足できるだろう。一人の専門家の意見より、当たりはずれは少なく、信用できるのだ。

　ただし、信用しすぎてはいけない。どんなに多くの人が満足していても、自分には合わない映画もあるからだ。そんなときは、見ていて「あれ？」と思うし、見終わって「だまされた！」とくやしい思いもする。それがいやな人は、やはり何の事前情報もなく、見るのがいいだろう。

1．満足度を参考にすると、どれもおもしろそうに見えてしまう。

2．満足度は信用できるが、やはり事前情報はないほうがいい。

3．見た人の人数は関係なく、満足度は信用できる。

4．満足度は信用できるが、信用しすぎてはいけない。

問5

次の文章で、「有機野菜」の説明として最も適当なものはどれですか。

　最近、スーパーマーケットなどでもよく見かけるようになった「有機野菜」だが、通常より３割程度高価なこの「有機野菜」を購入する多くの消費者が、「有機野菜は、無農薬で、安全。そして、味や品質がよい」といったイメージを持っているのではないだろうか。
　ところが、いわゆる「有機野菜」には、２種類あって、ちゃんと国の認証を受けた野菜という場合と、一般の農家が伝統的な有機農法で栽培した野菜という場合である。そして、このいずれもが、けっして無農薬というわけではないのだから話が難しくなる。つまり、「有機野菜」といっても農薬や化学肥料を全く使わないわけではないのだ。完全に無農薬で化学肥料も使わない安全な野菜が、いかに少ないかがわかるのである。

１．100パーセント無農薬で、安全な野菜

２．安全のため国が責任を持って栽培している野菜

３．国によって農薬や化学肥料を使うことが禁止されている野菜

４．できるだけ農薬や化学肥料を使わないで栽培した野菜

問6

次の文章で筆者が最も言いたいことはどれですか。

　日本人は、ほんとうに並ぶのが好きなんだなと思う。先日、アメリカの会社が新しく開発したケータイ電話が、日本で初めて売りに出されたときのことである。コンピュータのように、指先でふれるだけで画面が変わるというその機種は、世界的に有名で人気も高く、他人より先に手に入れたいという気持ちもわからないでもない。今では小学生でも持っているケータイ電話。確かに、どれも似たような機種が多い中で、今度の機種は特別だから、持っていれば自慢できるだろう。だからといって、発売の何日も前から店の前に並んで待つというのはどうか。しかも、一人や二人ではなく、行列ができるというのだからおどろく。少し待てば、ゆっくり買えるのに……。やはり、こんな光景が見られるのは日本だけではなかろうか。

１．新しいケータイ電話を人より先に手に入れたいという気持ちはよくわかる。

２．似たような機種ばかりだから、新しいのを買えば自慢できるだろう。

３．何日も前から店の前に、たくさんの人が並んで待つというのは、理解できない。

４．店の前に並んで待つのが好きなのは、日本人だけだろう。

問 7

次の文章で筆者は、若い人が車を買わなくなったのはどうしてだと述べていますか。

　以前は、就職して給料をもらうようになったら、貯金をして、いつか自分の車を持つことが特に男性にとっては一つの夢でした。社会全体が自動車産業に支えられていた時代の若者にとって、それは当たり前のことでした。しかし、最近の若者は、車に関心を示さなくなってきているようです。特に、交通の便利な大都市に住んでいる人は、車がなくても困らないし、環境に有害な排気ガスを出す車に乗るのは、かっこ悪いと思われているようです。何といっても、ねだんが高いということもあります。いろいろ理由はあるようですが、わたしは、こう思うのです。お金の使い道が変わったのではないか、と。高性能のコンピュータなど、ほかにほしい物がたくさんあるからではないか、と。つまり、ライフスタイルそのものが変わってしまったのではないかと思うのです。

1．若者の生活スタイルが変わってしまったから

2．車のねだんが高くて買えなくなってしまったから

3．車に乗るのはかっこ悪いことだから

4．環境のため車の排気ガスを減らさなければならないから

問8

次の文章の内容を最もよく表しているのはどれですか。

　最近、小麦の値段が上がり、食の安全意識も高まったことにより、米の売れ行きが良いそうだ。わが家でも、毎朝、パンを食べていたのを白いごはんに変えた。すると、食習慣が変わってきた。

　まず、生野菜をあまり食べなくなった。パンといっしょに食べていたサラダの代わりに、つけものが増えたのだ。ハムやウィンナーやタマゴの代わりに、納豆や海苔を食べるようになった。もともと好きだった味噌汁とお茶は、消費量が倍になった。

　スーパーでは米だけではなく海苔の売れ行きもよくなったというから、みんな同じように考えているのだろう。もともと、日本人がパンを食べるようになったのは、第二次大戦後、アメリカの小麦を消費するためであったのだから、高いお金をはらってまでその習慣を続ける義務はない。安くて、おいしくて、安全なものを個人が選べば良いのだと思う。

１．朝食をパンからごはんに変えた人が増えているようだ。

２．物価が上がったため、野菜を食べなくなった人が増えているようだ。

３．日本人の食習慣が変わったため、小麦のねだんが高くなった。

４．日本人は、安全とは言えないアメリカのパンを食べさせられていた。

問9

次の文章で「フリーター」について筆者が説明していることと合っているものはどれですか。

　「フリーター」は、1987年に日本で作られた造語です。アルバイトの一つの形として「好きなことをするために、会社に縛られないで働くことを自分の生き方にした自由人」という定義で、注目を集めました。

　その数は増加し、200万〜400万人に達すると言われています。会社をクビになって、フリーターにならざるをえない人や、正社員になるための準備段階の人も含まれていて、現在、フリーターの70%はそういった人たちです。

　バブル経済の崩壊後、日本の企業は生き残るため、それまで正社員が担当していた仕事を、人権費の安いアルバイトや、いつでも辞めさせられる派遣社員に任せるようになりました。それがフリーターも含めた非正規社員を増やす原因となりました。

　しかし、最後までフリーターの生活を続けた場合の生涯賃金は、正社員の約4分の1に過ぎず、また、年金の額も低いため、日本社会の貧困層をフリーターが占めるのではないかと心配されています。

1．フリーターの増加は、その社会の自由度を示している。

2．フリーターの増加は、望ましいこととは言えない。

3．企業はフリーターを全員辞(や)めさせるべきである。

4．フリーターの給料は正社員の半分に過ぎない。

問10

次の文章の（　Ａ　）に入るものとして最も適当なものはどれですか。

　武器は、闘争という行為を基本にして生まれた、と一般には考えられてきた。しかし、チンパンジーを主とした動物社会における道具の使用と製作過程を基準にして考える限り、元来は食物獲得の手段として発達してきたものだと考えざるを得ない。（　Ａ　）。
　ところが、いったん武器の持つ攻撃力が認識されると、それは悪の世界を形成する基盤として機能するようになる。そして殺害することに快感を覚えるといった、残虐性の世界に突入することになるのである。

１．つまり、発生的には、生活を豊かにするために工夫されたものなのだ

２．とはいえ、発生的には、生活を豊かにするために工夫されたものかもしれない

３．なぜなら、発生的には、生活を豊かにするために工夫されたものではないのだ

４．しかも、発生的には、生活を豊かにするために工夫されたものとは言えない

問11

次の文章の下線部「脱中心化」の例として、最も適当なものはどれですか。

　私たちは、ものを見る場合、自分の目の位置から見る以外に方法はない。たしかに目の前に人が立ってこちらを見ていれば、その姿をこの目で見て、相手にとって私がどう見えているだろうかと想像することはできる。相手の視点に立って想像するという意味ではそれは一種の脱中心化である。しかし、そうして想像することはできても、相手がみているとおりの世界をそのまま私が経験することは決してできない。どんなに想像力を高めても、世界は今自分の目に見えているようにしか見えない。

　これは当たり前のこと。まわりの音を聞くのも、この自分の耳を通してのことであるし、まわりのものに触れるのも、自分の手を通してのことである。自分のこの身体を通して世界を体験しているのである。いくら脱中心化しても、この自己中心性から逃れることはできないのだ。

１．人と話すとき、相手に自分のほんとうの気持ちを伝える。

２．人と話すとき、相手の話すことを信用しない。

３．人と話すとき、相手がびっくりするようなことを聞く。

４．人と話すとき、相手の気持ちを考えながら話す。

問12

次の図書館の利用案内の内容と合っているものはどれですか。

東山図書館利用案内

① カバンやコートは、コインロッカーにお預けください。筆記用具、財布、貴重品などは、備え付けのビニール袋に入れて、入館してください。
② 入館の際は、利用カードまたは身分証明書をご提示ください。
③ 本の貸し出しを希望される方は、利用カードを作ってください。貸し出しの際、借りたい本と利用カードを受付にお出しください。貸出期間は２週間です。
④ 利用カードを作られる方は、利用申込書に必要事項を記入して受付に提出してください。その際、身分証明書の提示をお願いします。利用カードは1年間有効です。
⑤ 本のコピーをされる方は、２階のコピー機をご利用ください。コピーは決められた枚数以内でお願いします。詳しくは２階コピー機横の説明をお読みください。

１．図書館に入るときは、いつも身分証明書を持っていなければならない。

２．筆記用具や貴重品は、持って入ることができない。

３．利用カードを作るときに、身分証明書が必要である。

４．コピー機を利用する際、利用カードを提示しなければならない。

問13

次の文章の下線部について、筆者は何のためだと言っていますか。

　全身が白いのでシロクマ(白熊)という別名もあるホッキョクグマ(北極熊)ですが、雪と氷の世界に住むホッキョクグマにとって白色は体を目立たなくする保護色なのです。

　ところが、ホッキョクグマの毛を1本抜いて見てみると、実は<u>白色ではなくて透明であることがわかります</u>。白色に見えるのは、透明なビニール袋を何枚も重ねると白っぽく見えるのと同じです。その上、無数の毛が太陽の光を乱反射するため不透明に見えるのです。

次に、その無数の毛をかき分けてみると、その下の肌は黒色であることがわかります。よく知られているように、黒色には熱を吸収し温まりやすい性質があります。太陽の熱が透明な体毛を通り抜けて黒い肌に当たると、体がぽかぽか温かくなるというわけです。

ホッキョクグマが寒さのきびしい北極圏でも生きていけるのは、このような体のしくみがあるからなのです。

１．体を白く見せて目立ちやすくするため

２．太陽の熱をよく通して体を温めるため

３．肌の黒い色を白い毛でかくすため

４．外のきびしい寒さを通さないため

問14

次の文章の内容と合っているものはどれですか。

森の落ち葉の下や土の中にはいろいろな虫が住みついている。その中で数も種類も一番多いのはダニの仲間である。その中で最も多いのがササラダニで、おもしろいことに、ササラダニは、種類によって住んでいる場所が違うのである。

第1のグループは自然の森林だけでなく、人工林や草原、学校や人家の庭など、どんな環境にも住みついている。つまり、最も強いササラダニなのである。第2のグループは、森や草原に住んでいるが、グラウンドのような裸に近い所には住めない。第3のグループは、もう少し弱くなる。木のある所、つまり自然の森や人工林なら住めるけれど、草原には住めない。第4のグループは、もっと弱くなる。自然の森には住めるけれど、人工林、草原など人間の手が入った所では姿を消してしまう。第5のグループは、ちょっと変わっている。人間が荒らした所に好んで住みつき、自然の森や林には住もうとしない。

そこで、このダニを使えば自然の健康診断ができることがわかる。ある場所の土の中を調べて、もし弱いダニのグループがたくさん住んでいれば、そこは自然が残っている所、反対に弱いダニがいなくて強いダニばかりなら、そこは自然が荒らされている所と診断できる。見かけは同じ林でも、自然の豊かさの違いを判定できるのだ。

１．弱いダニのいる所は、自然が豊かである。

２．強いダニばかりいる所は、自然が豊かである。

３．弱いダニは、人の多い所にすんでいる。

４．強いダニは、自然の多い所ばかりにすんでいる。

問15

次の文章で、「集団圧力（しゅうだんあつりょく）」とはどんなものだと述べていますか。

お互いによく似た態度をとる人たちの間には人間関係が成立しやすいものである。それと同時に、同じ集団に所属している人の間では、次第に態度が似てくる傾向がある。これは、私たちがある集団に所属すると、その集団の一員としてふさわしい態度をとるように自分を変化させるからである。このように個人の態度を集団に合わせて変化させようとする心理的な圧力を集団圧力（しゅうだんあつりょく）と呼び、集団圧力によって個人の態度が変化することを同調（どうちょう）と呼んでいる。実際に、周りの人がみんなそろって同じ答えをすると、たとえそれがまちがっているとわかっていても、みんなに合わせ同調するという経験はだれにもあるだろう。特に日本人の間では、この集団圧力が強い傾向があると言えるのである。

１．周りの人と競争しようとする力

２．大きな集団に所属しようとする力

３．個人を集団に類似させようとする力

４．集団のなかで一番になろうとする力

問16

次の文章の内容と合っているものはどれですか。

　野生アライグマの好きな食べ物は、カエル・魚・昆虫・卵・果実などです。特に、ザリガニなどの水生動物が好きで、前足を上手に使って水中でつかまえて食べます。それで、その姿が洗っているように見えることからアライ(洗い)グマと名づけられました。

　ところが、動物園などで飼っているアライグマは、もちろん水中からザリガニを取って食べることはできません。それで、しかたなく、それに似た行動をするようになりました。動物園に連れて来られた動物にも、野生の本能は残っているということです。たとえば、アライグマにパンを与えると、それを水の中に一度入れて、それから前足でそれをつかまえて食べるのです。そうすることで、野生の気分を少しだけ楽しんでいるわけです。水につけないでそのまま食べる時もありますが、完全に忘れてしまうことはありません。

１．野生のアライグマも野性の本能を忘れることがある。

２．動物園のアライグマも野性の本能を忘れることはない。

３．野生のアライグマは人間のように食べ物を洗って食べる。

４．動物園のアライグマは人間のように食べ物を洗って食べる。

問17

次の文章の（　Ａ　）に入るものとして最も適当なものはどれですか。

私たちの生きる時代は、たいていの生理的な欲求はすぐに満たすことができる時代である。それが一人一人の豊かさの実感となっているかどうかはともかく、現代の日本が、以前にくらべて非常に便利になったことは確かである。そして、現代の若者の社交性は、そのような社会に適応して生み出されている。現実は、もはや他者との社交性を必要としないため、この新たな社交性は、現実に基盤を持たず、ただ個人の自発性にだけ基づいている。したがって、そこでいくら人間的なコミュニケーションが展開されたとしても、それらは形式的なものにすぎず、いつでも「そこから降りる」、つまり、「関係を切る」ことが可能である。現代の若者は、（　Ａ　）と言えるだろう。

１．社交性や、人間的な関係を心から求めている。

２．社交性の実質は放棄して、形式だけ維持している。

３．社交性の必要がなく、他者との関係を失っている。

４．社会に適応して、個人の自発性を失っている。

問18

次の文章で、筆者が一番大切にしていることは何だと言っていますか。

　ジャーナリズムは戦争といった問題が起きて初めて、それらの問題が起きた社会について伝える。だが、大切なのは、そうした出来事すべてに先立って、人々がどのようにその生活を営んできたか、何を愛し、何に感動し、何を大切にして生きてきたか、そういった日々の暮らしの具体的な細部ではないだろうか。それを知らなければ、私たちは、戦争が、彼や彼女から何をうばい、何を破壊したのか真に知ることはできない。そして、戦争が何をうばい、何を破壊したのか知らないまま、「反戦」や「平和」を大声でさけんでも、それはただの形式に過ぎないだろう。そんなものにだれも耳をかたむけることはないだろう。

1．戦争が起きた社会の、その後の事実を伝えること
2．戦争で、だれが何を破壊したのかを正確に伝えること
3．戦争が起きる前に、「反戦」や「平和」をさけぶこと
4．戦争が起きた社会の、それまでの生活を知ること

問19

次の文章で筆者は、日本人にとって「契約書」とはどのようなものだと言っていますか。

　ビジネスの世界では、具体的な取り引きを始める前に、契約書が作られますが、西洋諸国では一般的にこの契約書が絶対的な効力をもちます。だからこそ、後で問題が起きないように、契約書には細かいことまで書かれているのです。
　ところで、日本ではどうかと言いますと、当事者の一方が約束を守らなければ、契約書があってもなくても同じだと考える人が、日本人には多いのです。日本人は、一般的に、相手を信用できると判断したときに取り引きを始めます。契約書なしで取り引きをすることもめずらしくありません。重要な契約の場合以外は、むしろ契約書は形式的でめんどうくさいと思われる場合もあります。あまりにも細かいことが書かれている契約書を作ると、相手は自分が信用されていないと受け取ってしまうのです。

１．信用できる相手との間ではあまり必要ないもの

２．どんな取り引きでも、絶対的な効力を持つもの

３．取り引きをする当事者の、一方にだけ必要なもの

４．重要な取り引きの時は、けっして使われないもの

問20

次の文章で筆者が最も言いたいことはどれですか。

　文学は具体的な経験の具体性を強調する。具体的な経験は、分類することができない。また、けっしてそのままくりかえされることもない。分類の不可能な一回限りの具体的な経験が、文学の対象となる。たとえば梶井基次郎の「レモン」という小説の経験は、その色、その肌触り、その手に感じられる重みのすべてであり、それを同じ重さの石と換えることもできないし、同じ値段の他のレモンと換えることもできない。彼が必要としたのは、レモン一般ではなく、商品一般でもなく、そのレモンである。その日、その場所で得た経験は、たとえ同じレモンでも、別の日、別の場所では二度と経験できないものである。その経験に関して、法則を作ることができないのは、いうまでもない。そのレモンがそのレモンであるがゆえに得た経験——具体的で特殊な一回限りの経験は科学の対象にはならない。まさに科学がなりたたないところに、文学がなりたつのである。

1．科学は、計量が可能で、交換可能なレモン一般を対象とする。

2．文学は、お金では買えない、非常に特別な商品を対象とする。

3．科学は、文学と違って、法則に基づく普遍的な経験を対象とする。

4．文学は、科学と違って、一回限りの具体的な経験を対象とする。

聴解問題

説明

　聴解問題は、音声を聴いて答える問題です。問題も選択肢もすべて音声で示されます。問題用紙には何も書かれていません。

問題は一度しか聞けません。

　このページのあとに、メモ用のページが３ページあります。音声を聴きながらメモをとるのに使ってもいいです。

　聴解の解答欄には、『正しい』という欄と『正しくない』という欄があります。選択肢１、２、３、４の一つ一つを聴くごとに、正しいか正しくないか、マークしてください。正しい答えは一つです。

　それぞれの問題の最初に、「ポーン」という音が流れます。これは、「これから問題が始まります」という合図です。

　１番の前に、一度、練習をします。

－ メ モ －

－ メ モ －

聴読解問題

説明

　　聴読解問題は、問題用紙に書かれていることを見ながら、音声を聴いて答える問題です。

　　問題は一度しか聴けません。

　　それぞれの問題の最初に、「ポーン」という音が流れます。これは、「これから問題が始まります」という合図です。
　　問題の音声の後、二回目の「ポーン」という、最初の音より少し低い音が流れます。これは、「問題はこれで終わりです。解答を始めてください」という合図です。

音声をよく聴いて、選択肢　1．2．3．4．の中から答えを一つだけ選び、聴読解の解答欄にマークしてください。

　　1番の前に、一度、練習をします。

練習

学生が、コンピュータの画面を見ながら先生の説明を聞いています。学生は今、画面のどの項目を選べばいいですか。

谷川大学情報メディアセンター

1 ■おしらせ　　　　　■利用の仕方　2

3 ■よくある質問　　　■各種手続き　4

練習

1番

先生が、仕事に対する意識調査の結果について話しています。この先生が注目
しているのは、グラフのどの項目ですか。

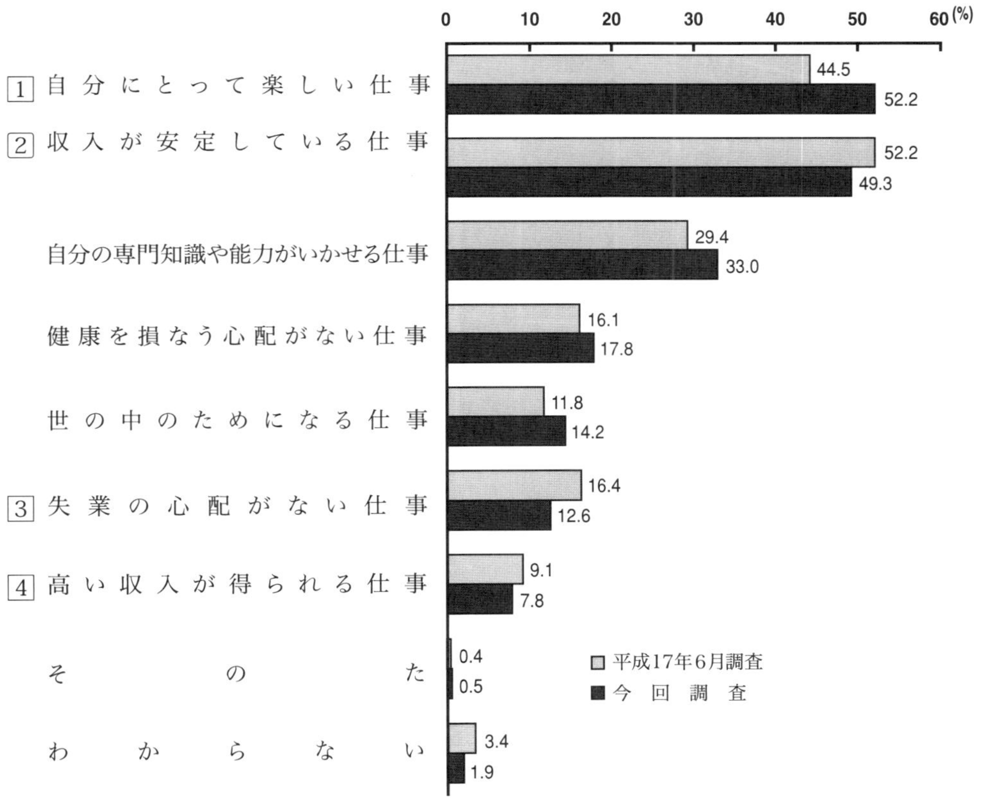

２番

経営学部の先生が黒板に図をかきながら話しています。
この先生は図の（　Ａ　）に何と書きましたか。

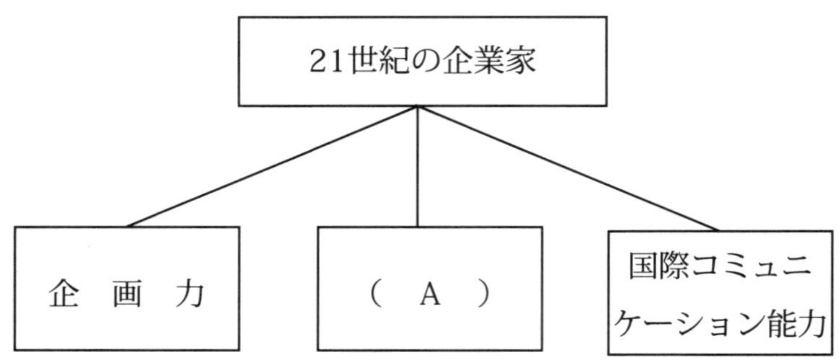

１．チャレンジ精神

２．起業家精神

３．文化資本という視点

４．グローバル感覚の育成

ペットショップの店員が、小型のアクアリウムの作り方について話しています。この店員が話しているのは、どの水槽ですか。

1. 

2. 

3. 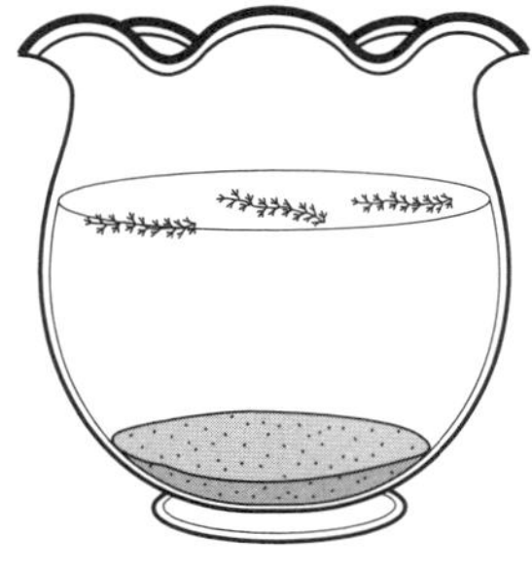

4. 

4番

スポーツ大会の実行委員をしている男子学生と女子学生がメモを見ながら話しています。
このふたりは、メモのどの項目について委員会で話し合うことにしましたか。

２００×年
クラス対抗スポーツ大会
実施概要

日時：夏休み初日 ……………………………………………………………… 1

種目：サッカー・バレーボール・卓球（５人で１チーム）…………… 2

場所：第一グラウンド・体育館

チーム：クラスで１種目につき１チーム編成（男女構成比は自由）…… 3

参加方法：必ず全員が参加すること　参加できるのは１種目のみ …… 4

申し込み：クラス委員が申し込み用紙に記入し実行委員会に提出

5番

先生が、授業で、「類推」の過程について説明しています。この先生は、図のどの部分が大切だと言っていますか。

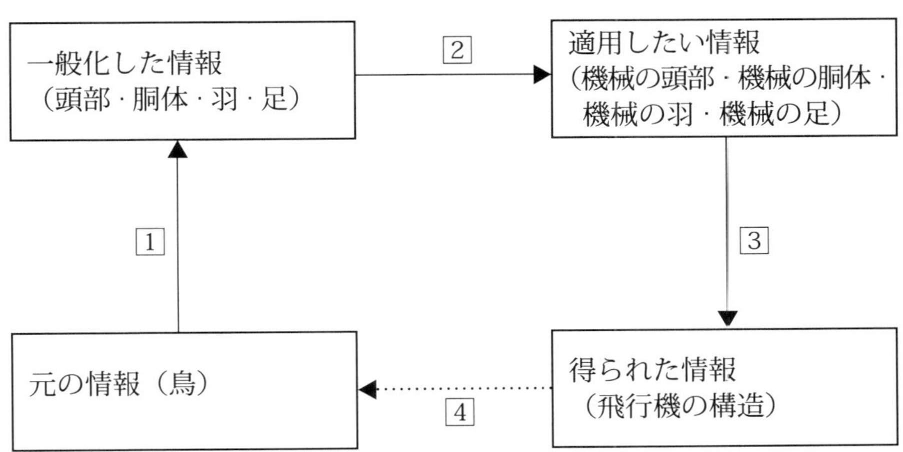

6番

男子学生と女子留学生が特別講座の案内を見ながら話しています。この女子学生はどのコースに申し込みますか。

コース名	時間		講義内容	対象学年
コースA	前期　火　2限 後期　木　1限		・日本語会話、コミュニケーション ・ディスカッション、ディベートを通して運用能力を強化	1年
コースB	前期　水　1限 後期　金　2限		・日本事情、日本文化の理解 ・教材として日本のマンガ、アニメを取り上げる	1年
コースC	通年　月　1限		・日本事情、日本語の総合能力 ・「食」の文化をテーマに映画鑑賞	2年
コースD	前期　木　2限 後期　金　2限		・読解力と作文力の向上 ・小説・評論のテキストを熟読、討論	2年

1．コースA

2．コースB

3．コースC

4．コースD

7番

先生が、四つの図について話しています。この先生が例を挙げているのは、どの図のタイプですか。

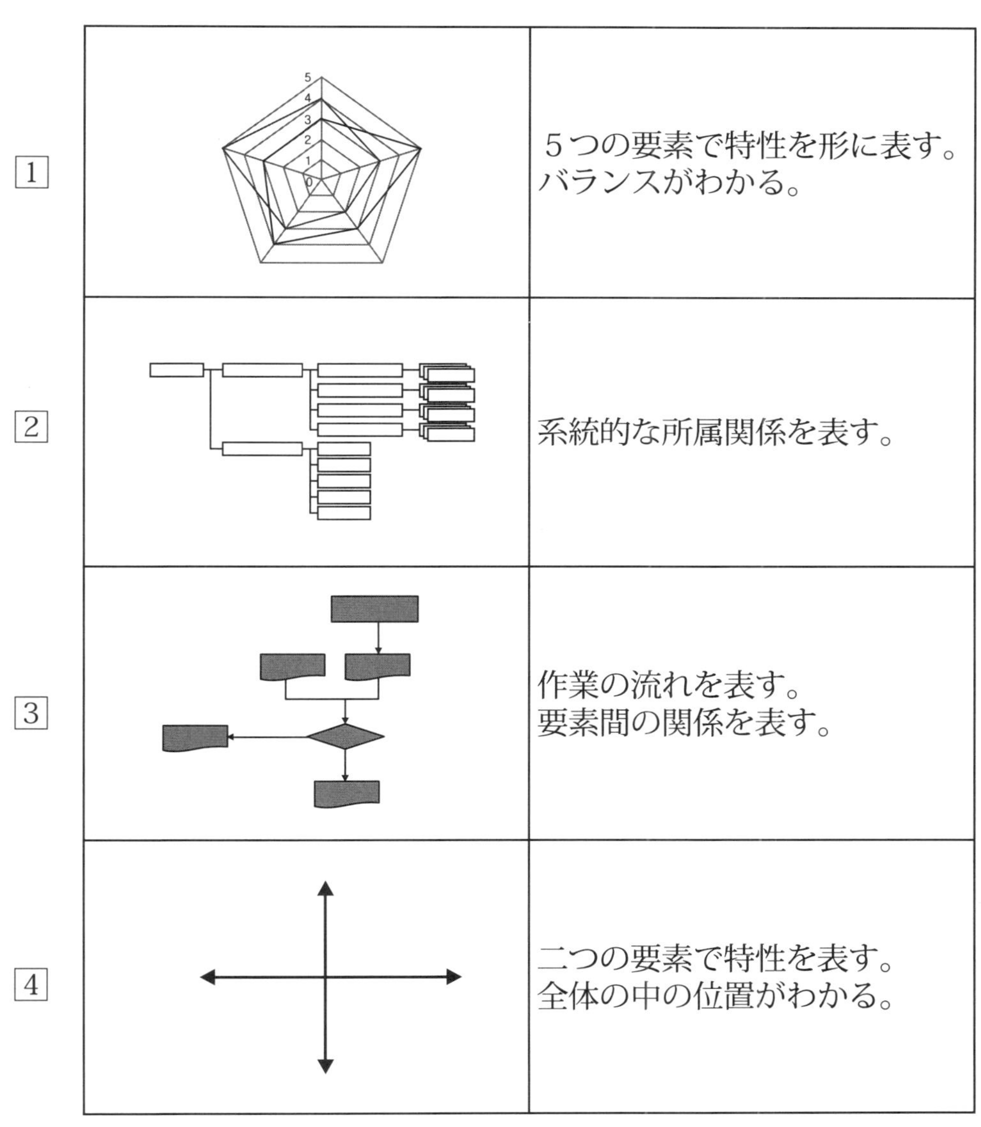

8番

女性と男性が、メタボリック症候群対策のパンフレットを見ながら話しています。この男性は、パンフレットのどの項目について、できないと言っていますか。

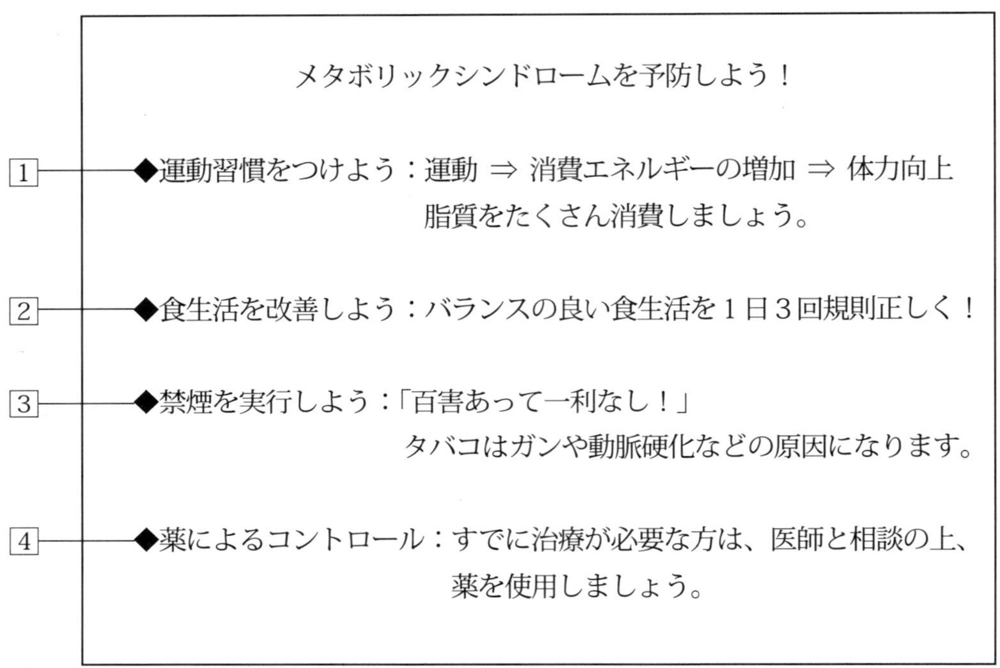

先生が、情報社会の問題点について話しています。この先生が最後に挙げる問題は、どれにあてはまるものですか。

1.

2.

3.

水虫の特効薬ができました
あの会社の株はあがりますよ

4.

10番

先生と女子学生が、「インタビュー調査」について話しています。
この女子学生は、自分がした調査について「留意点」のどの項目がうまくできな
かったと反省していますか。

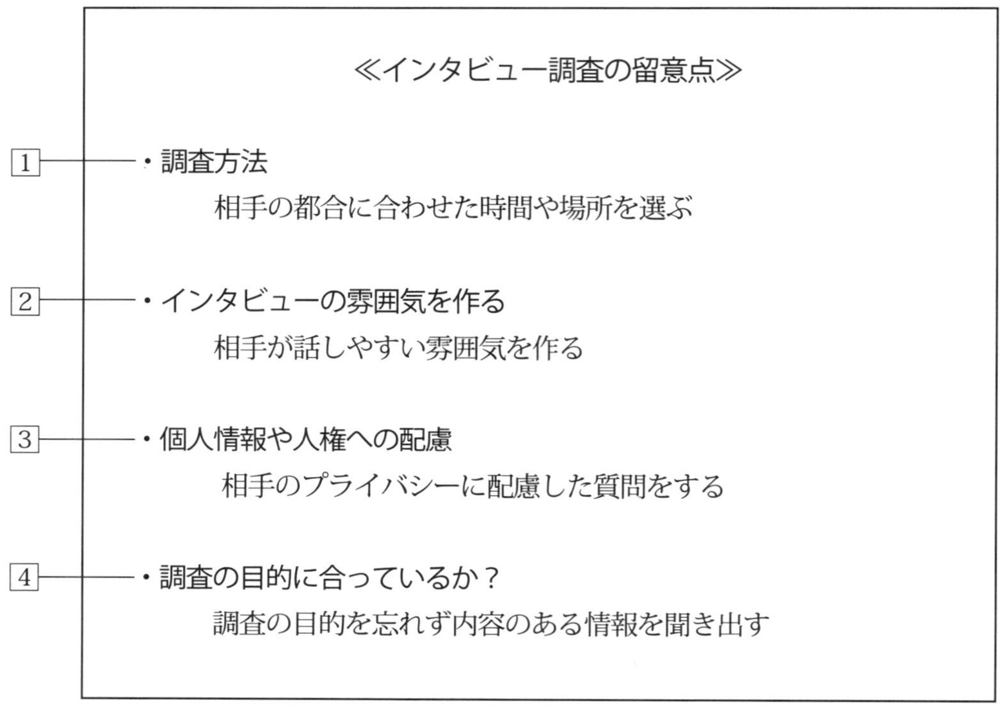

先生が絵文字の話をしています。この先生の説明によると、Dの例はどういう
意味を表していますか。

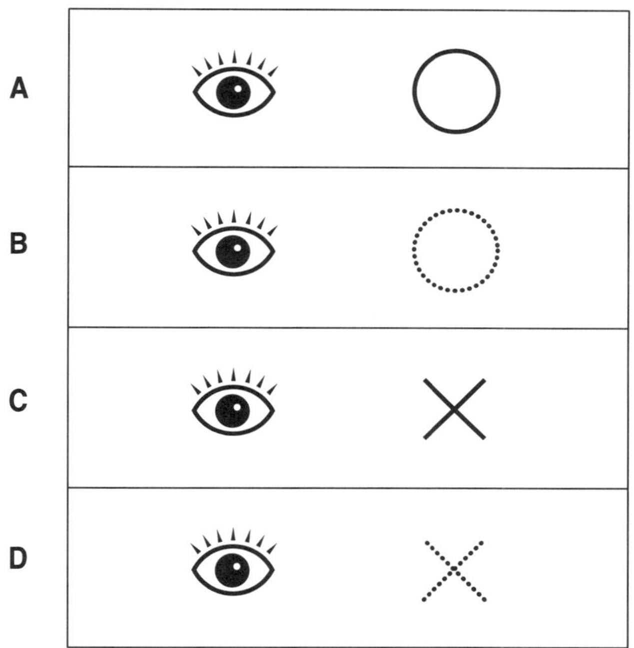

1．過去に、見なかった

2．将来、見ない

3．今、見ていない

4．今まで、見たことがない

12 番

感覚に関する授業の後で、女子学生が先生に質問をしています。この先生が、女子学生に説明したことはどんなことですか。

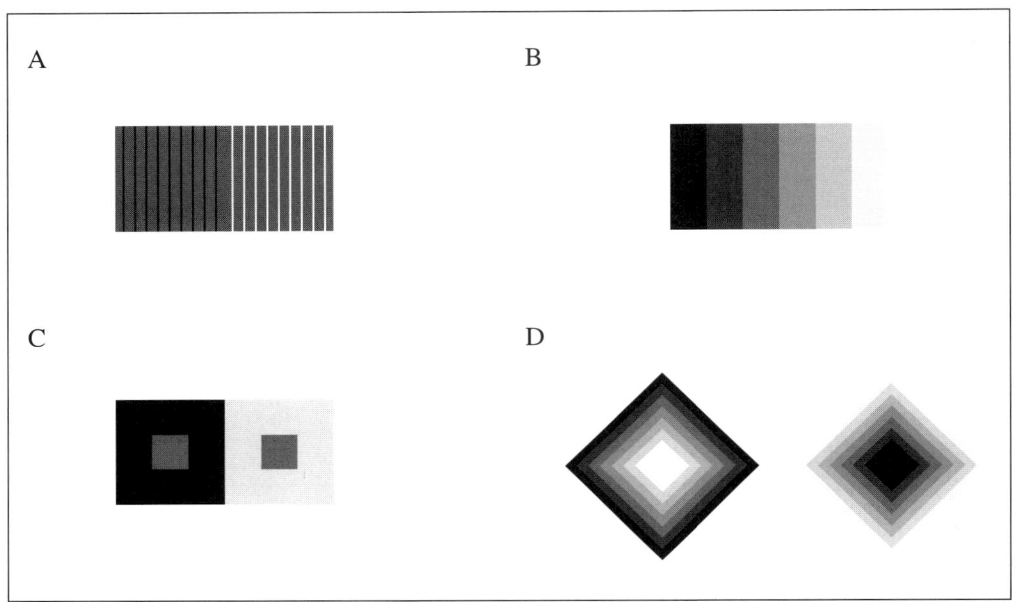

1．Aが「対比」を表す図であること
2．Bが「順応」を表す図であること
3．Cが「対比」を表す図であること
4．Dが「順応」を表す図であること

13 番

先生が、人材の４つのタイプについて話しています。この先生が話している企
業にとって、最も必要なのは、どのタイプの人材ですか。

１．タグボート型

２．リーダーシップ型

３．マネージメント型

４．アンカー型

14 番

先生が、植物の細胞融合について話しています。この先生は、動物の細胞融合と植物の細胞融合がちがうのは、図のどの部分だと言っていますか。

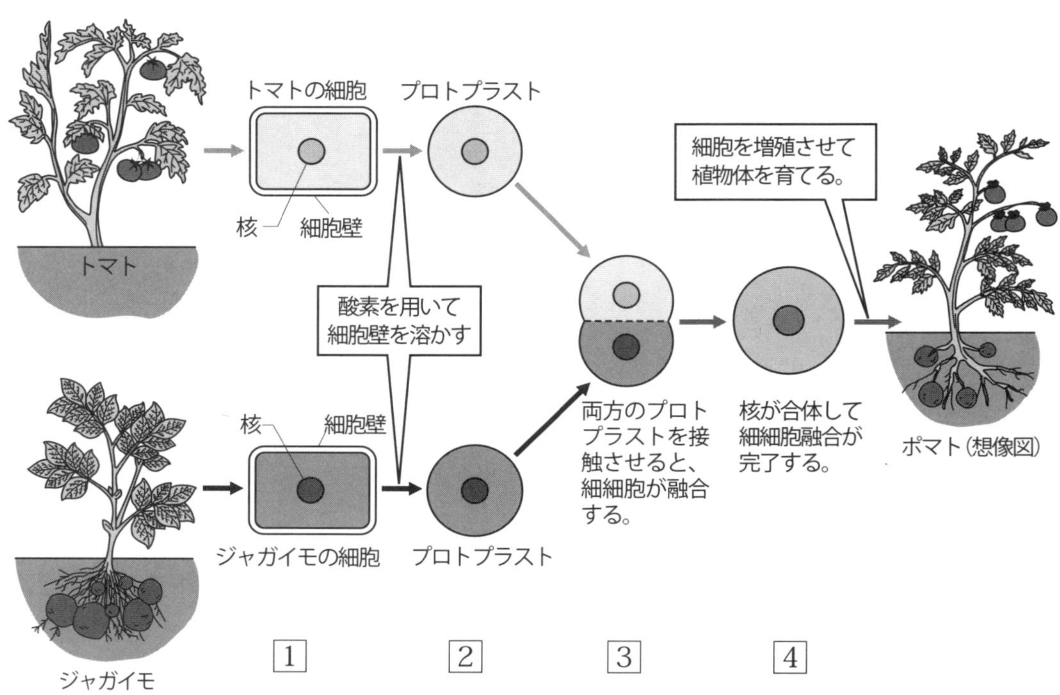

15 番

先生が、ボランテイアの適性診断について説明しています。この先生が説明の中で取り上げた人は、どのボランティアが向いていますか。

■ あなたはどんなボランティアに向いている？（チャート診断）

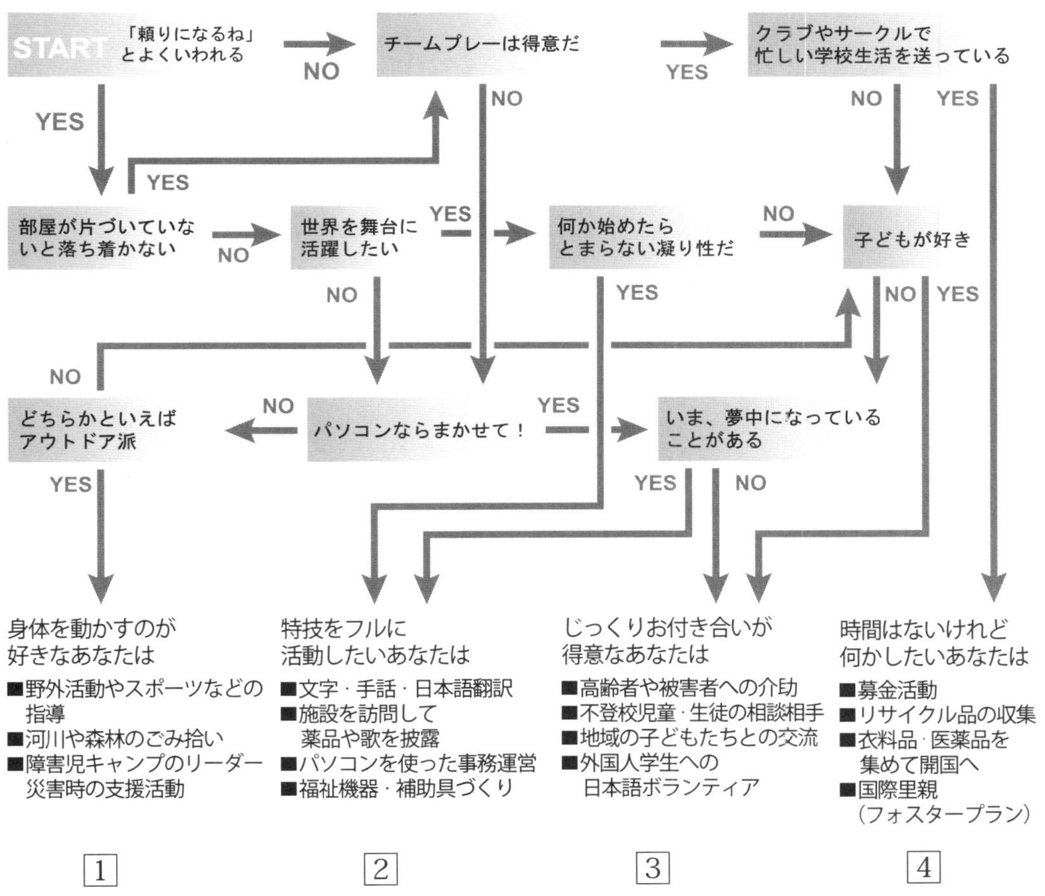

$\boxed{1}$　　　　$\boxed{2}$　　　　$\boxed{3}$　　　　$\boxed{4}$

先生が、イヌの行動について話しています。この先生の説明によると、2匹のイヌの親しさを表しているのは、どれですか。

1.

2.

3.

4.

17番

男子学生と女子学生が、アンケート調査の結果について話しています。この二
人が、このあとさらに調査をしようと考えているのは、どの人たちについてで
すか。

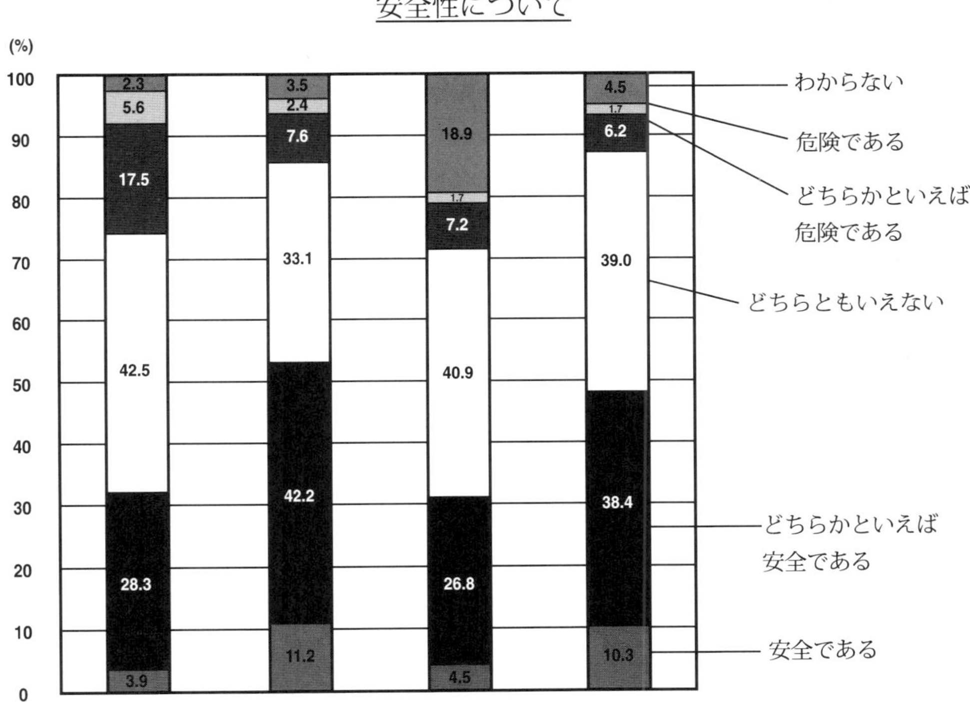

１．食品と住宅で、「わからない」と答えた人

２．食品で「危険だ」と答えた人と、住宅で「わからない」と答えた人

３．食品と携帯電話で、「危険だ」と答えた人

４．食品で「危険だ」と答えた人と、携帯電話で、「わからない」と答えた人

18 番

先生が、心理学の授業で、「防衛機制」の種類について話しています。この先生
が挙げる例は、図の中のどれにあたりますか。

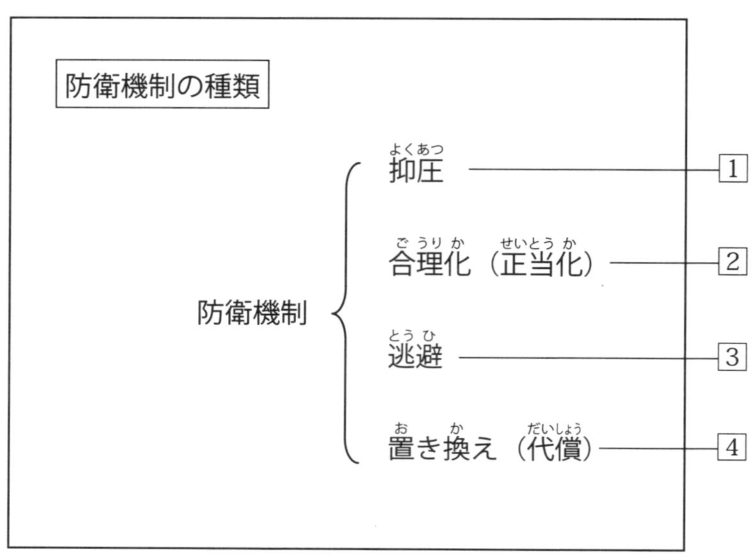

女子学生と男子学生が、個人の情報を読み取る認証装置について話しています。
この男子学生は、どんな認証装置がいいと言っていますか。

1. 人差し指の指紋を読み取る装置

2. 手の甲の静脈を読み取る装置

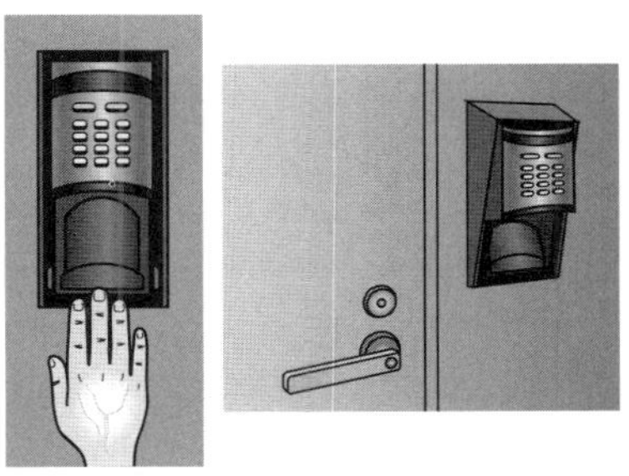

3. 目の虹彩を読み取る装置

4. テンキーを押す装置

20 番

先生が、サービスとホスピタリティの差異について話しています。この先生が
一番わかりやすいと言っているのは、どの点ですか

≪ホスピタリティ≫	≪サービス≫
1 → A．ビジネス上の効果	
・反復効果(リピーター、再利用者が増える) ・生涯顧客の創出	・一時的効果 ・一回だけ、流行時だけの客
2 → B．「する側」と「される側」の関係	
・対等な関係 ・客(ゲスト)と主人(ホスト)の関係	・常にお客様が上位　上下関係 ・お客様(主人)と従業員(使用人)の関係
3 → C．優先されること	
・相互の共感　　客⇔店員 ・喜びの共有	・一方的な関係　　客⇒店員 ・お金を払った人だけの満足
D．何にこたえるか	
・ゲスト個人の期待にこたえる	・お客様一般の欲求にこたえる
4 → E．追求しているもの	
・文化性、人間性、娯楽性 ・楽しさ、心の対話	・合理性、利便性、価格性(利益)を追求 ・指示や命令による